MEMOIRE de Mr de Rochemeure Sindic du Païs de Vivarez au sujet des justes pretentions de Messieurs les Barons de tour dudit Païs pour la Deputation des Etats Generaux de la Province de Languedoc à la Cour.

TOus ceux qui composent les Etats generaux de cette Province, en savent trop bien l'histoire, pour ignorer que le Païs de Vivarez n'étoit point uni au Languedoc; c'est depuis environ deux siecles seulement que la reünion s'en est faite.

Mais quelque soin que les Commissaires du Païs de Vivarez se soient donnez pour trouver les Edits & Actes de reünion, & quoi qu'ils ayent prié Messieurs les Officiers de la Province de vouloir bien les faire chercher dans les Archives de ladite Province, ils n'ont pû avoir là-dessus de memoires aussi exacts qu'ils l'auroient souhaité : les Archives du Vivarez ont été brûlées dans les guerres des huguenots, de sorte que ce n'est que par de memoires particuliers, & la tradition constante dans ledit Païs, qu'on y sait que le Vivarez a été autrefois uni au Lyonnois & au Dauphiné pour certaines choses; mais qu'il avoit un gouvernement particulier & des Etats composez de douze Barons; & que le Gevaudan qui fût aussi uni à la Province dans le même tems, en avoit huit.

Lorsque la reünion se fit avec le Languedoc, tous ces Barons pretendirent avoir droit d'entrer aux Etats generaux de cette Province; il y a même lieu de croire qu'ils y entrerent d'abord tous ensemble pendant quelque tems; & s'étant portez à se relâcher sur un point si important, & à se reduire à l'entrée d'un seul : quelle aparence peut il y avoir, qu'ils consentissent à être privez du plus beau de leurs droits; bien loin de là il fut convenû que pour les dedomager de ce qu'ils n'entroient pas tous les ans, & parce qu'ils representoient un corps entier, ils auroient la preseance, & des places fixes; le Baron de Vivarez la premiere & celui de Gevaudan la seconde; & qu'au surplus ils joüiroient de tous les autres honneurs, droits, prerogatives, & avantages de Messieurs les autres Barons. La derniere deputation qu'on raporte des Barons de tour, est de celui de Saint Remeze en 1636. que s'il n'y en a pas eu depuis ce tems-là, on en doit être d'autant moins surpris que presque toutes les Baronnies du Vivarez (si on en excepte celle de l'Evêché) étoient ombées entre les mains des Princes, Ducs, ou principaux Seigneurs de la Cour, lesquels ne venoient point aux Etats; il y en avoit cinq dans la maison de Vantadou ou de Tournon, dont les terres sont à present à Mr le Prince de Rohan, trois dans celle de Lorraine, & trois dans celle d'Uzez : la plûpart de ces Baronnies sont possedées aujourd'hui par des Seigneurs du Païs, qui entrent aux Etats generaux; c'est ce qui a donné lieu aux Etats particuliers du Vivarez de donner une attention particuliere pour soutenir leurs droits.

Messieurs les Barons de tour ont été deputez à la Cour, cela est prouvé par les differentes deliberations des années, 1511. 1513. 1516. 1526. 1612. & 1636. tirées des procez verbaux des Etats raportées en bonne forme, dont il sera ajouté une copie au bas du present Memoire.

Il est très raisonable & naturel que le Vivarez faisant à present la principale partie de la Province, la plus étenduë, & celle qui suporte le plus des charges entrant pour un onziéme dans toutes les impositions, ses Barons ayent le même honneur que les autres.

La deputation n'est pas seulement honnorable pour lesdits Barons, elle est encore très necessaire pour le bien des affaires dudit Païs; car quoi que la deputation à la Cour ait pour vuë principale ce qui concerne en general toute la Province, il se peut pourtant faire & il n'arrive que trop souvent, que le Vivarez a des affaires très essentielles en son particulier; & il seroit d'autant plus malheureux pour lui que sa Noblesse representée par les Barons, fut privée de l'honneur de paroître quelquefois devant Sa Majesté & d'y pouvoir solliciter ce qui peut être à son avantage;

que les Evêques de Viviers n'entrent en rien dans les affaires dudit Païs & n'ont point de féance dans leurs Etats particuliers, parce que le Vivarez est composé de trois Evêchez, celui de Viviers ne comprenant que le bas Vivarez; & le haut qui en compose une grande partie, & ou sont ses principales Villes, comme Annonay & Tournon, est des Dioceses de Vienne & de Valence.

Les Etats particuliers voyant que depuis très long-tems, il n'y a eu aucun de ses Barons deputez à la Cour, ni employez dans les Bureaux des comptes, recruës & grande commission, ont pris deliberation, par laquelle ils chargent le Sindic dudit Païs de representer à Monseigneur l'Archevêque de Narbonne & à Nosseigneurs des Etats, la justice qu'il y auroit de deputer quelquefois un des Barons de tour, & à les employer dans les susdites commissions; & de s'informer si c'est par un simple oubli qu'ils ne l'ont pas été depuis si long-tems, où si Messieurs les Barons de tous les ans ont à raporter quelque reglement ou autre bon titre, par lesquels il paroisse que les Barons de tour soient exclus: si c'est un oubli le Païs n'a rien à dire, cela peut se reparer aisément; que si Messieurs les Barons de tous les ans pretendent qu'il y ait une exclusion, le Païs de Vivarez les prie de vouloir bien communiquer leurs titres; la raison toute naturelle est pour les Barons de tour, puis qu'ayant l'honneur d'être du même corps, ils doivent joüir des mêmes honneurs & avantages; ils en ont été en possession pendant qu'ils residoient en Province, comme il est prouvé par l'extrait des procez verbaux des Etats generaux mentionné ci-après, & c'est à Messieurs les Barons de tous les ans à produire des titres d'exclusion s'ils en ont.

Que s'ils n'en trouvent pas, ils ne doivent pas penser que les Barons de tour veüillent chercher à leur faire de la peine par un trop grand empressement à obtenir la deputation; ils ne demandent au contraire qu'à vivre dans une parfaite union avec un corps illustre, dont ils se font un grand honneur d'être du nombre; ils feront content pourveu que suivant l'ordre qu'on suit ordinairement, un Baron de tour de Vivarez & un de Gevaudan, soit deputé à son tour; l'assemblée pourra choisir un des Barons de tour du Vivarez, & ensuite un de Gevaudan, tel qu'elle jugera à propos, ou celui que le grand Prince qui nous gouverne lui recommandera.

De cette maniere le Païs de Vivarez & le Gevaudan n'auront pas sujet de se plaindre & ce sera un petit prejudice pour Messieurs les Barons de tous les ans.

Quant aux Bureaux ou Commissions dont il est parlé ci-devant ou les Barons de tour se plaignent de n'être pas nommez assez souvent, Monseigneur l'Archevêque de Narbonne a eu la bonté de faire attention à leurs representations en nommant cette année aux grands comptes Monsieur le Chevallier de Saint Point envoyé de Monsieur son pere Baron de tour du Gevaudan; & ils ont lieu d'esperer de la sagesse & de l'équité de cet illustre President qu'il ne les oubliera pas dans la juste distribution qu'il a accoutumé d'en faire.

[illegible] une erreur de conduite [illegible] venu [illegible]
que depuis [illegible] Berlin, [illegible] pourrait [illegible]
[illegible] longue, de [illegible] cela par leur
[illegible] parceque [illegible] chose. [illegible] serait [illegible]
fait toujours partie de la [illegible] vigie de [illegible]
[illegible] depuis que [illegible] de [illegible] en 1826 [illegible]
le roy depuis VIII. [illegible] toujours depuis [illegible]
[illegible] puis appuyer [illegible] de nouveaux [illegible]
[illegible] trop loin. il aurait [illegible] été
[illegible] pendant quelque [illegible] [illegible] particulièrement [illegible]
[illegible] de [illegible] à la [illegible] ; mais [illegible]
[illegible] [illegible] appelé [illegible]
[illegible] dans l'assemblée de [illegible] [illegible] par [illegible]
[illegible] de la [illegible], [illegible] encore [illegible].

[illegible] qu'il [illegible] [illegible]
[illegible] [illegible] de [illegible] [illegible] que [illegible]
[illegible] [illegible] [illegible] à dire IV. [illegible] [illegible]
[illegible] appelé [illegible] assemblée, le pouvoir, [illegible] [illegible]
[illegible] [illegible] [illegible] députés des [illegible] villes, [illegible] que [illegible]
[illegible]. [illegible] [illegible] [illegible] [illegible]
[illegible] que la seconde [illegible] [illegible] [illegible]
[illegible] appelé [illegible] [illegible] que [illegible] croit [illegible]
au [illegible] ; par [illegible] [illegible] [illegible]
[illegible] [illegible] il y eut plus [illegible] [illegible] [illegible]
[illegible] [illegible] [illegible] [illegible] [illegible] qui
[illegible] [illegible] [illegible] [illegible] pendant leur [illegible]
[illegible] dit [illegible] à l'assemblée [illegible] des députés
[illegible] [illegible] par [illegible] qui [illegible] [illegible]

[illegible] ... dont le procès verbal ... en [9]bre 1501. ...
... 1502, ... 1503, ... 1504 ...

... 20, ... le ville ... à 22. ...

... depuis 1836. ...

Extrait des Regiſtres des Deliberations des Etats Generaux de la Province de Languedoc convoquez par Mandement du Roi en la ville d'Alby au 11. Janvier 1511.

Du quatorziéme Janvier mil cinq cens onze. Preſident Monſeigneur l'Evêque de Viviers.

MEſdits Seigneurs des Etats recors de la demande faite par la Reine nôtre ſouveraine Dame audit Païs de Languedoc de l'impoſition foraine ou compoſition
de trois mille livres chacune année, pour & au lieu de ladite impoſition ; & infor-
mez qu'à la requête de ladite Dame ou de ſon Procureur la blanque & droit de
prendre dix deniers ſur chacun quintal de ſel vendu audit Païs, lequel avoit été
aboli par le feu Roi Charles & par le Roi qui eſt à preſent, a été mis ſus de nouveau,
voulant de tout leur pouvoir obeïr à ladite Dame comme ſes trés humbles & trés
obeïſſans ſujets & ſerviteurs, montrer leur ſubjection obeïſſance & ſervitude envers
icelle Dame comme leur ſouveraine Dame & Maitreſſe ; d'un commun avis & con-
ſentement ont commis & deputé commettent & deputent le ſuſdit Reverend Pere
en Dieu Monſeigneur de Viviers, Monſieur de Saint Rambert Vicaire d'Alby, Monſieur de Lavoute Me Philipes de Lanſclergio, Pierre Bruni Docteurs & Guilhaume
Bertrand Greffier des Etats, auxquels & aux quatre, deux, en l'abſence des autres,
ont donné charge, pouvoir, commiſſion & mandement exprés pour & au nom
de tout le Pais de Languedoc, ſe tranſporter devers ladite Dame, lui dire & remontrer que jamais le vouloir & intention d'iceux Etats, n'a été ni eſt avoir procez
contre ladite Dame pour quelconque effet que ce ſoit, ains ont toujours deſiré &
deſirent de tout leur cœur être & demeurer ſes trés humbles & trés obeïſſants ſujets
& ſerviteurs, ſe jetter à ſes pieds, lui ſuplier & requerir trés humblement avoir
égard à leur ſervitude, trés bon & grand vouloir qu'ils ont, & toujours ont eu
à la ſervir, & que ſon bon plaiſir ſoit avoir pitié & compaſſion de ſon pauvre Pais
de Languedoc, qui ſeroit detruit s'il convenoit payer annuellement ladite ſomme
de trois mille livres, & que ladite blanque & droit de dix deniers tournois ſur chacun
quintal de ſel eut lieu audit Pais, & ſur ce s'en ſoumettre totalement à ſa bonne
grace & miſericorde, lui obeir & faire tout ce que ſon bon plaiſir en fera en ordon-
ner, commander & diſpoſer, & auſſi ſuplier & requerir trés humblement ladite
Dame que ſon bon plaiſir ſoit interceder pour ledit Pais envers le Roi nôtre Seigneur,
à ce que ſon bon plaiſir ſoit abolir perpetuellement ladite impoſition ou compoſition
de trois mille livres tournois, enſemble ladite blanque de dix deniers tournois ; &
ont promis & promettent leſdites gens des Etats avoir ferme ſtable & agreable tout
ce que ſera par les ſuſnommez, en ſera ſuplié adviſé & accordé avec ladite Dame,
comme s'ils y étoient en perſonne, neanmoins ont donné chargé pouvoir & mandement exprés auxdits Seigneurs ſuſnommez de remontrer au Roi nôtre Sire les doleances dudit Pais lui requerir & ſuplier proviſion être donnée aux habitans d'icelle
ſelon l'exigence du cas, impetrer & obtenir dudit Seigneur & de ſa Chancellerie
les proviſions que verront être neceſſaires, & generalement faire tout ce que meſdits
Seigneurs des Etats feroient & pourroient faire s'ils y étoient en perſonne.

Du Samedy dix-neuf Novembre mil cinq cens treize , les Etats convoquez en la ville de Nismes Président Monseigneur l'Evéque de Viviers.

MEsseigneurs des Etats ont commis & deputé ledit Seigneur de Tournon pour aller devers Monseigneur de Bourbon Gouverneur de Languedoc lui presenter le don à lui fait par Messeigneurs des Etats, & lui montrer la bonne volonté que le Pays a envers lui, ensemble les doleances & pauvreté dudit Pays, lui suplier & requerir que son bon plaisir soit s'employer envers le Roi nôtre Seigneur à faire pourvoir aux doleances & avoir ledit Pays & habitans d'icelui pour recommandez & les avoir en sa bonne grace & pour solliciter ledit Seigneur de Tournon & l'avertir des affaires dudit Pays pour iceux remontrer à mondit Seigneur Monseigneur de Bourbon, ont commis & deputé le Procureur dudit Pays en la Senechaussée de Beaucaire M. Me Jean Devaulx Juge d'Uzez ill'est present.

Du vingt troisiéme Octobre mil cinq cens seize les Etats convoquez en la ville d'Aubenas, Président Monseigneur l'Evéque de Viviers.

LEs Etats après plusieurs & diverses conclusions avis & deliberations par eux prises, pour envoyer Ambassade devers le Roi nôtre Sire pour les affaires du Pays contraires les unes aux autres, mesdits Seigneurs des Etats pour plusieurs causes justes & raisonnables à celles mouvant, d'un commun avis & consentement ont commis & deputé commettent & deputent le susdit Reverend Pere en Dieu Monseigneur de Viviers Monsieur de Tournon & s'il n'y pouvoit vaquer le Sieur Demalbese, Me Jean Devaulx Procureur dudit Pays & Guilhaume Bertrand Greffier desdits Etats, auxquels ont donné & donnent charge, pouvoir commission & mandement exprés pour & au nom dudit Pays se transporter devers le Roi nôtre Sire, lui dire & remontrer les doleances tant generales que particulieres dudit Pays, lui suplier & requerir que son bon plaisir soit sur icelles & sur le contenu en certains Memoires à eux bailliez, être pourveu selon l'exigence des cas, impetrer dudit Seigneur & de sa Chancellerie les provisions qu'ils verront être necessaire, & generalement faire tout ce que mesdits Seigneurs des Etats feroient & pourroient faire és choses susdites, s'ils y étoient en personne, & ont promis & promettent mesdits Seigneurs des Etats avoir ferme stable & agreable tout ce que par les dessus nommez sera suplié advisé & accordé, & les relever de toute charge sous l'obligation de tous & chacun les biens dudit Pays.

Du huitiéme Octobre mil cinq cens vingt-six les Etats convoquez à Montpellier Président Monsieur l'Abbé Daniane.

ONt été commis & deputé pour aller devers le Roi nôtre Seigneur remontrer les doleances & autres affaires du Pays & poursuivre d'avoir provision sur iceux ; c'est à savoir mondit Sieur Daniane Président pour l'Eglise, pour les Nobles Monsieur de Joyeuse & le Sieur de Botonnet, pour le commun état, Jean Dalbusson Bourgeois de Carcassonne, Me Pierre le Blanc Procureur dudit Pays & Guilhaume Bertrand Greffier desdits Etats, auxquels & aux quatre, trois, deux, & un d'eux en l'absence des autres ont donné plein pouvoir commission & mandement exprés tout ainsi qu'il est plus amplement contenu és lettres de pouvoir à eux expediées par ledit Greffier, de entendre, vaquer & poursuivre lesdites affaires.

Du Mecredy vingt uniéme Novembre mil six cens douze les Etats convoquez à Beaucaire Président Monseigneur l'Archevêque & Primat de Narbonne.

POur l'execution des deliberations ci-devant prises & pour faire entendre à Sa Majesté & à Nosseigneurs de son Conseil la justice des plaintes dudit Pays & poursuivre la revocation de l'Arrest en ce qu'il porte la verification des articles accordez par le Pays avec la Chambre des Comptes comme prejudiciables aux privileges dudit Pays & reglement de tout tems observé en icelle, & remontrer à Sa Majesté les foules & oppressions que le Pays souffre par les Fermiers de la Doüane foraine &

traite

traite domanialle , établiſſement des offices de Regretier & autres de nouveau créez en ladite Province enſemble les autres plaintes & doleances d'icelle , ont delegué Monſeigneur l'Evêque de Montpellier , Monſieur le Marquis de Montlaur , & en ſon abſence le Sieur Baron de Montpezat envoyé du Baron de Calviſſon , les Sieurs de Ferriere deputé de la ville de Touloufe , & de Maillant Conful de la ville de Beau-caire avec le Sieur d'Olive Sindic du Pays.

Du dix neuviéme Decembre mil ſix cens trente ſix les Etats convoquez en la ville de Niſmes Préſident Monſeigneur l'Archeveque & Primat de Narbonne.

POur porter au Roi le cahier des plaintes & doleances du Pays & ſuplier trés humblement & inſtament Sa Majeſté de remettre & conſerver la Province en tous ſes droits, facultez & privileges , ont été nommez & deputez par la pluralité des ſuffrages receüillis par billet , Monſeigneur l'Archevêque de Touloufe , Monſieur le Comte de Saint Remeze Baron de tour de Vivarez , les Sieurs de Sueilles Aſſeſſeur de Montpellier , Martinon Aſſeſſeur de Niſmes & de la Motte Sindic general de Languedoc ; & a été deliberé qu'il ſera payé comptant par le Treforier de la Bourfe dudit Pays pour les fraix de leur voyage ſavoir audit Seigneur Archevêque trois mille livres , audit Sieur Baron trois mille livres , audit Sieur de Sueilles quinze cent livres audit Sieur Martinon pareille ſomme de quinze cent livres & audit Sieur de la Motte ſemblable ſomme de quinze cent livres d'une part dont il rendra compte aux pro-chains Etats & trois mille livres d'autre pour employer aux affaires & expeditions qu'il obtiendra pour le Pays dont il rendra compte auſſi l'année prochaine. Collationné, Guilheminet.

www.ingramcontent.com/pod-product-compliance
Ingram Content Group UK Ltd.
Pitfield, Milton Keynes, MK11 3LW, UK
UKHW020120100726
13658UKWH00005B/2275